¿Qué es el COVID-19?

Alexis Roumanis

Explore otros libros en:
WWW.ENGAGEBOOKS.COM

VANCOUVER, B.C.

e↑ WWW.ENGAGEBOOKS.COM

What Is COVID-19? Level 4
Roumanis, Alexis 1982 –
Text © 2020 Engage Books
Design © 2020 Engage Books

Edited by Jared Siemens
Translator: Juana Davila
Proofreader: Jose Luis Rebolledo
Cover design by: A.R. Roumanis

Text set in Arial Regular.
Chapter headings set in Arial Black.

FIRST EDITION / FIRST PRINTING

LIBRARY AND ARCHIVES CANADA CATALOGUING IN PUBLICATION

Title: ¿Qué es el COVID-19? Nivel 4 / Alexis Roumanis.
Other titles: What is COVID-19? Level 4 reader. Spanish
Names: Roumanis, Alexis, author.
Description: Translation of: What is COVID-19? Level 4 reader.

Identifiers: Canadiana (print) 20200228536 | Canadiana (ebook) 20200228552
ISBN 978-1-77437-282-1 (hardcover). –
ISBN 978-1-77437-283-8 (softcover). –
ISBN 978-1-77437-284-5 (pdf). –
ISBN 978-1-77437-285-2 (epub). –
ISBN 978-1-77437-286-9 (kindle)

Subjects:
LCSH: COVID-19 (Disease)—Juvenile literature.
LCSH: LCSH: COVID-19 (Disease)—Prevention—Juvenile literature.
LCSH: Coronavirus infections—Juvenile literature.

Classification: LCC RA644.C68 R68318 2020 | DDC J614.5/92—DC23

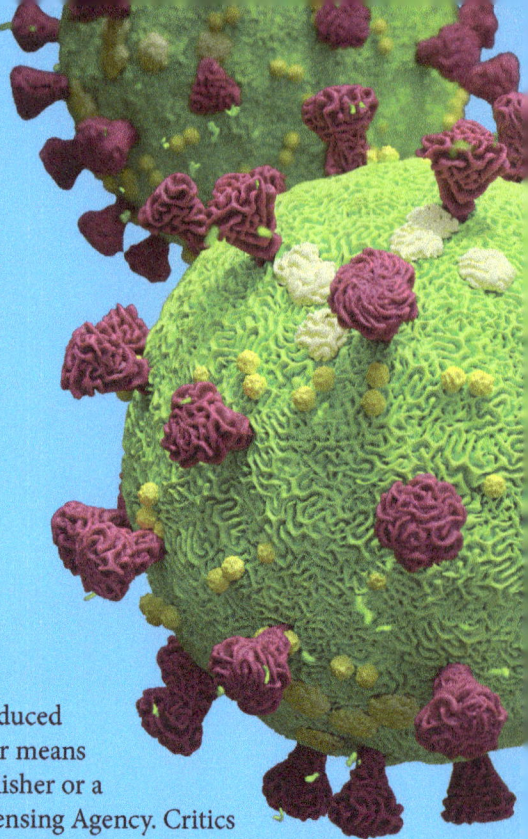

Contenidos

4 ¿Qué es un Virus?

6 ¿Qué son los Coronavirus?

8 ¿Que es el COVID-19?

10 ¿Cuáles son los Síntomas del COVID-19?

12 ¿Cómo se Propaga el COVID-19?

14 ¿Cómo se Detiene la Propagación del COVID-19?

16 Riesgos para Diferentes Personas

18 ¿Cómo Afecta el COVID-19 a los Niños?

20 ¿Cuál es el Distanciamiento Social?

22 Cómo Practicar el Distanciamiento Social

24 ¿Por qué es Importante el Distanciamiento Social?

26 Cómo Aprenden los niños con las Escuelas Cerradas

28 ¿Qué Deben Hacer las Personas si se sienten enfermas?

30 ¿Qué es una Vacuna?

32 Cómo Ayuda la Tecnología Durante la Crisis

34 Cómo están Ayudando las Fábricas de Automóviles

36 ¿Qué es la Organización Mundial de la Salud?

37 Cronograma

38 Actividad: Cómo Abrir Paquetes de Forma Segura

39 Actividad: Hacer Planes para ir compras

40 Actividad: Haz tu Propio Desinfectante para Manos

42 Actividad: Cómo Lavarse las Manos

44 Prueba

46 Palabras Clave

¿Qué es un Virus?

Los **virus** fueron las primeras formas de vida encontradas en la tierra, pueden vivir en cualquier forma de vida, incluyendo animales y plantas sobre la faz de la tierra.

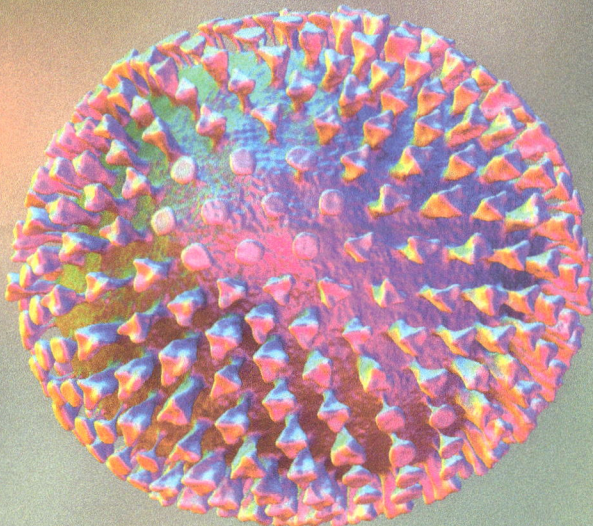

Cuando un virus entra en una forma de vida, puede hacer copias de sí mismo. A medida que el virus crece, puede ir enfermando a los seres vivos.

Los virus son tan pequeños que no se pueden ver sin un **microscopio**. Los microscopios pueden aumentar el tamaño de los virus en 1,000 veces.

¿Qué son los Coronavirus?

El coronavirus es un tipo de virus que afecta a los mamíferos y a las aves. Sin embargo hay cientos de virus, pero de esos cientos de virus solo siete tipo afectan a los seres humanos.

El nombre *coronavirus* proviene de la palabra latina corona, lo que significa que los científicos le dieron el nombre de corona, debido a los picos en la superficie que hace una corona.

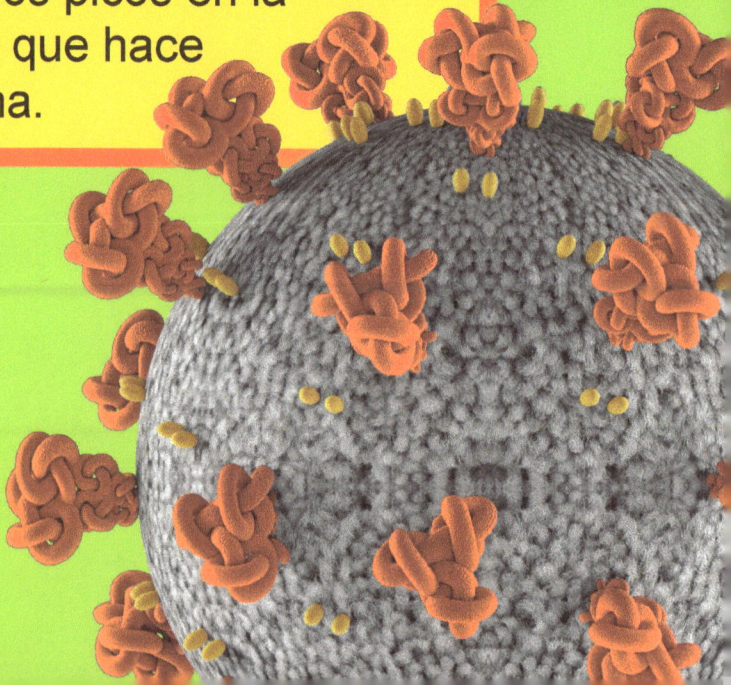

La mayoría de las personas en el mundo han tenido un tipo de coronavirus en algún momento de sus vidas. Los coronavirus comunes pueden causar secreción nasal, dolor de garganta y tos.

En el año 2002, un coronavirus llamado SARS infectó a unas 8,000 personas en el mundo. Los médicos creen que el SARS se propagó a los humanos a través de murciélagos de herradura o rino lófidos.

¿Qué es el COVID-19?

A finales del 2019, un nuevo coronavirus llamado COVID-19 empezó a enfermar a las personas en China. Ha sido muy **contagioso** y ha llegado a más de 170 países, al principio del 2020. COVID 19 se denominó una **pandemia** debido a lo rápido y fácil que se extendió por todo el mundo.

América del Norte

Océano Atlantico

Océano Pacifico

América del Sur

Saint Kitts y Nevis

El 24 de Marzo del 2020, Saint Kitts y Nevis reportó casos de COVID-19. Era el último lugar en las Américas de no tener casos de COVID-19.

N

Leyenda
- Tierra
- Océano

0	2,000 mil
0	4,000 kilómetros

Wuhan, China

Algunos científicos creen que el COVID-19 empezó en los murciélagos. Los primeros seres humanos infectados con lo virus, vivían en Wuhan, China.

Europa

Asia

Africa

Océano Pacífico

Océano Indico

Oceanía

Océano del Sur

Italia

Italia ha sido el primer país en el mundo que le ha pedido a sus pobladores que se queden en casa debido al COVID-19.

Antarctica

9

¿Cuáles son los Síntomas del COVID-19?

Muchas personas tienen diferentes reacciones al COVID-19. Algunas personas con COVID-19 se sienten normales o sólo un poco enfermas. Otras personas tienen **síntomas** comunes como tos, fiebre y dificultad para respirar.

Algunas personas presentan síntomas graves. Estos síntomas incluyen infecciones en uno o los dos pulmones, la cual es llamada **neumonía**.

Solo alrededor del cinco por ciento de las personas infectadas con COVID-19 necesitan ir al hospital.

11

¿Cómo se Propaga el COVID-19?

Generalmente el COVID-19 se propaga de un humano a otro. Cuando una persona infectada tose o estornuda, pequeñas gotas salen de su boca y pueden caer sobre otras personas. El tocar a una persona infectada también puede propagar el virus.

Las personas pueden tener COVID-19 hasta 14 días antes de mostrar signos de enfermedad.

El COVID-19 puede sobrevivir en el aire hasta tres horas. El virus también puede sobrevivir en las superficies y puede propagarse cuando se toca cualquier cosa. El COVID-19 puede sobrevivir en varias superficies durante diferentes períodos de tiempo.

Cobre

4 horas

Cartón

1 dia

Acero Inoxidable

3 dias

Plástico

3 dias

Cómo se Detiene la Propagación del COVID-19

Lava tus manos con agua y jabón al menos veinte segundos.

No te toques tus ojos, nariz o tu boca.

Estornudar o toser dentro del codo.

14

Limpie las superficies que se tocan con frecuencia.

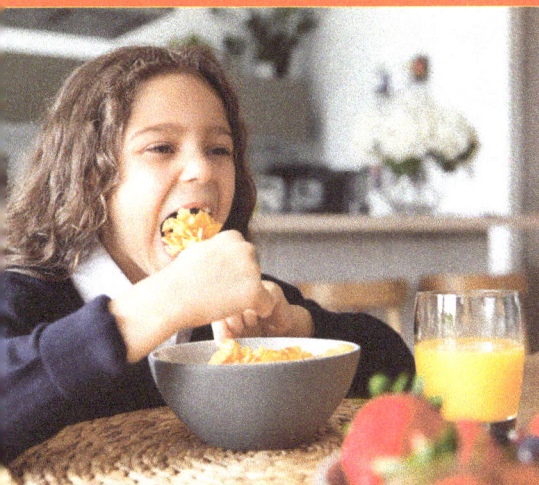

No comparta alimentos y bebidas con otras personas.

Manténgase a 6 pies (2 metros) de distancia de otras personas.

15

Riesgos para Diferentes Personas

Ciertas personas han sido más propensas a enfermarse gravemente por COVID-19 que otras. A los adultos mayores les cuesta luchar contra nuevas enfermedades como El COVID-19. Algunas personas que ya tienen otros tipos de enfermedades también están en mayor riesgo de perder sus vidas.

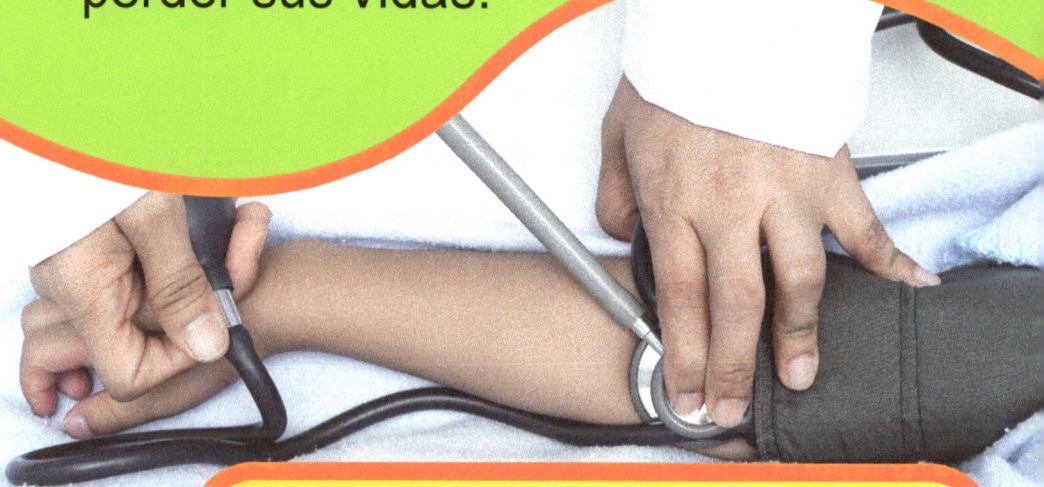

Las personas con enfermedades cardíacas, **diabetes**, presión arterial alta, enfermedades pulmonar y cáncer son las que corren más riesgo.

Los glóbulos blancos se encuentran en el cuerpo humano y atacan a los virus que quieran entrar al cuerpo. A medida que las personas envejecen, por lo general tienen menos glóbulos blancos en sus cuerpos. Esta es la razón por la que los virus ocasionan más problemas para las personas mayores.

¿Cómo Afecta el COVID-19 a los Niños?

La mayoría de los niños menores de 10 años tienen poca reacción o a veces ninguna al COVID-19. Sin embargo, los niños pueden transmitir el virus a otros.

Muchos parques infantiles han cerrado para ayudar a detener la propagación del COVID-19.

En lugares donde los niños han seguido jugando con sus amigos, el virus se ha propagado más rápidamente. El **distanciamiento social** entre los niños es importante para ayudar a mantener a las personas mayores seguras.

Es muy común que los niños se enfermen de virus. En 2020, alrededor del 25 por ciento de los casos de gripe común en los Estados Unidos eran los niños.

¿Qué es el Distanciamiento Social?

El distanciamiento social es un esfuerzo para frenar o detener la propagación del COVID-19. Es una práctica de permanecer al menos 6 pies o (2 metros) de distancia de cualquier persona que no viva en el mismo hogar.

Una bicicleta mide 6 pies o 2 metros de largo depende, si la bicicleta es para niños o para adultos.

Al mantener una distancia segura de los demás, es difícil que el COVID-19 se propague. Se ha demostrado que el distanciamiento social es una de las mejores maneras de frenar la propagación de una enfermedad durante una pandemia.

La mayoría de los deportes no se pueden jugar mientras se practica el distanciamiento social. Para proteger a los atletas, los Juegos Olímpicos del 2020 en Tokio, Japón fueron **pospuestos** para un año.

Cómo Practicar el Distanciamiento Social

Saluda de lejos a los demás en lugar de dar un apretón de manos, un beso o un abrazo.

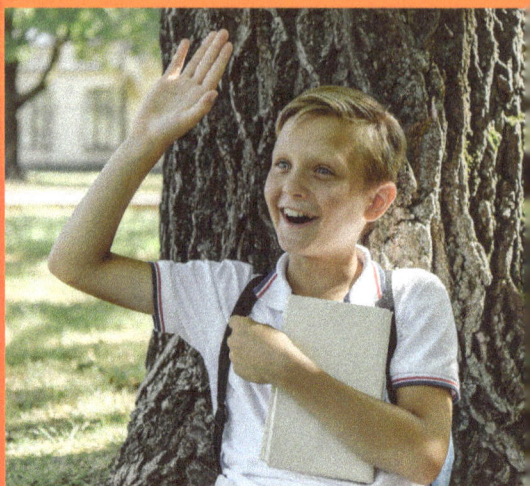

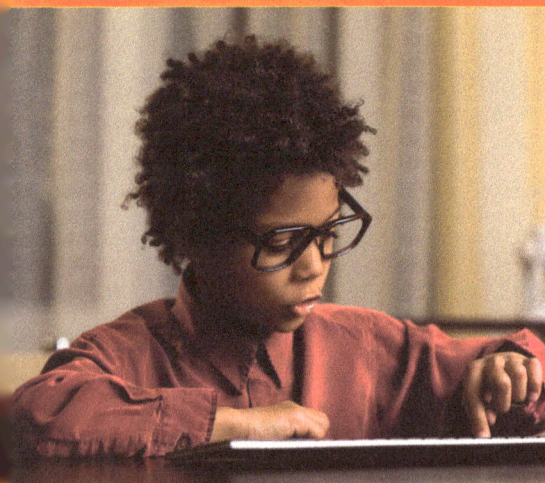

Quédate en casa tanto como sea posible.

Habla con tus amigos de un dispositivo móvil.

22

Encuentra diferentes maneras creativas de hacer ejercicios en casa.

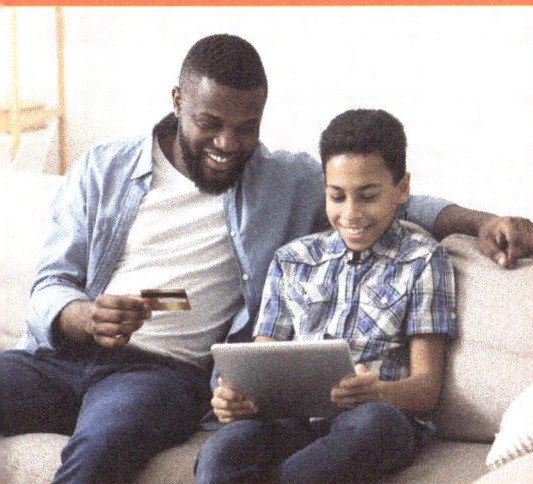

Pida alimentos y suministros en línea en lugar de ir a la tienda.

Encuentra cursos en línea y aprende una nueva habilidad, como tocar la guitarra.

23

¿Por qué es Importante el Alejamiento Social?

Generalmente, los hospitales tienen suficientes médicos, enfermeras y camas para cuidar a los enfermos. Si el COVID-19 se propaga demasiado rápido, los hospitales estarían demasiado ocupados para cuidar a los pacientes adecuadamente.

Con menos enfermos en los hospitales, los médicos y enfermeras corren menor riesgo de infectarse.

Cuando se practica el distanciamiento social, menos personas se enferman al mismo tiempo. Esto garantiza que las personas enfermas puedan recibir un mejor servicio lo más rápido posible cuando visitan un hospital.

Los hospitales solo tienen una cierta cantidad de máscaras respiratorias llamadas ventiladores. Los ventiladores son necesarios para ayudar a las personas que no pueden respirar por sí solas.

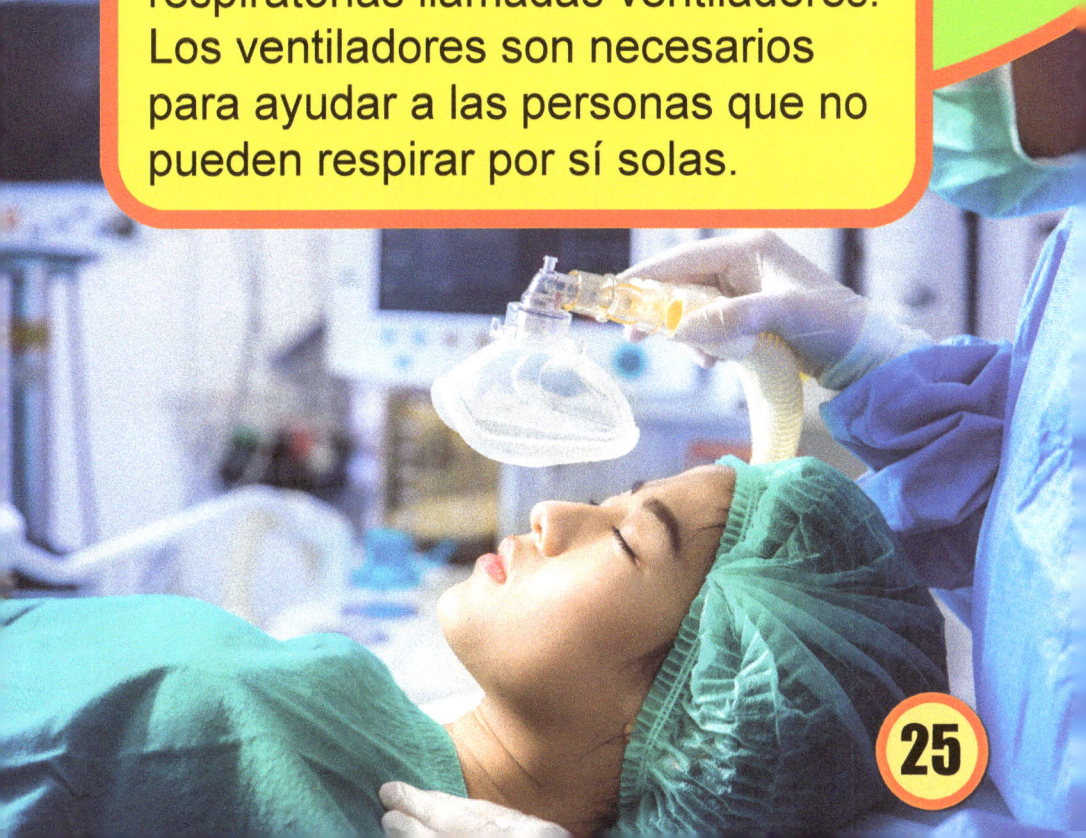

¿Cómo están Aprendiendo los Niños con las Escuelas Cerradas?

Los cierres de las escuelas son una de las muchas maneras en que se practica el distanciamiento social. Los niños pueden ver lecciones en video sobre temas como matemáticas, escritura, arte y ciencias.

Zoom es un programa informático que permite a los profesores conectarse con los estudiantes a través de vídeo.

Los profesores pueden responder preguntas de sus alumnos a través del videochat. Millones de niños en todo el mundo están aprendiendo desde sus casas.

Google Classroom es un lugar donde los profesores pueden compartir los trabajos escolares. Cuando haya terminado, los alumnos pueden enviar sus tareas resueltas a sus profesores a través de Google Classroom.

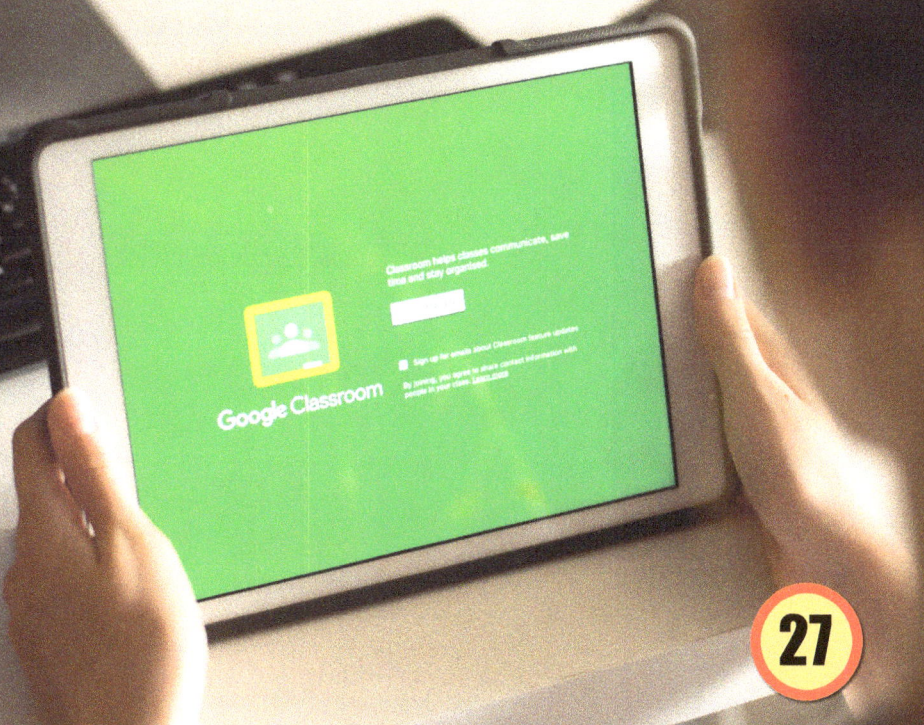

¿Qué Deben Hacer las Personas si se Sienten Enfermas?

Si alguien se siente enfermo, es importante que regrese a su hogar. Esto ayuda a asegurarse de que nadie más se enferme.

Las máscaras faciales pueden ayudar a detener la propagación del COVID-19.

Si alguien se siente enfermo, debe evitar el uso de autobuses públicos, trenes o taxis. Si la persona está tosiendo, tiene fiebre o tiene dificultad para respirar, debe llamar para pedir atención médica.

Los médico o enfermeros puede pedir que los enfermos se queden en casa hasta que se sientan mejor.

¿Qué es una Vacuna?

Una **vacuna** es un tipo de medicamento que puede ayudar a combatir virus u otras enfermedades. Las vacunas están hechas para parecerse a los virus que tratan de combatirlos.

El COVID-19 podría regresar cada temporada de gripe. Una vacuna puede ayudar a evitar que esto suceda.

Esto ayuda a enseñar al cuerpo cómo luchar contra el virus real si una persona se infecta. Muchos profesionales de la salud creen que una vacuna COVID-19 podría hacerse en unos 18 meses.

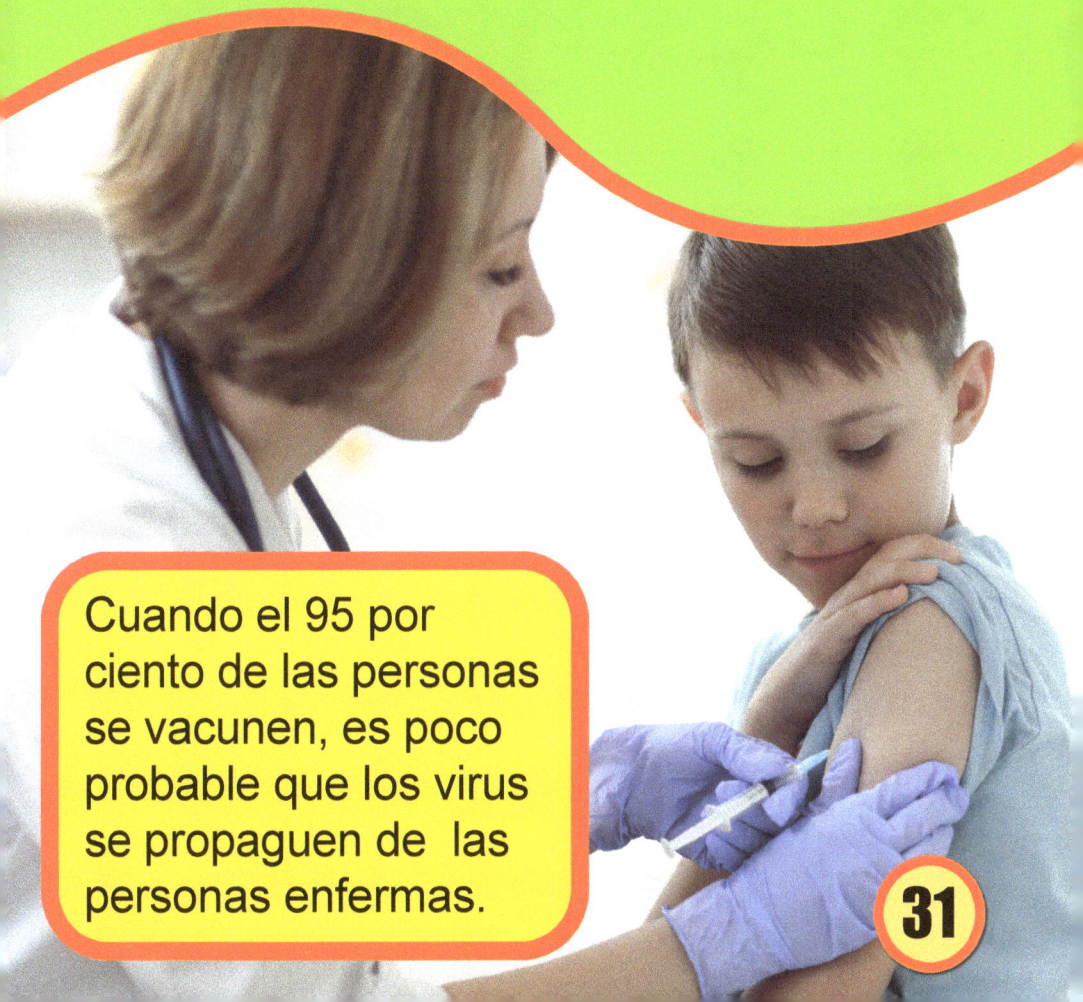

Cuando el 95 por ciento de las personas se vacunen, es poco probable que los virus se propaguen de las personas enfermas.

Cómo está Ayudando la Tecnología Durante la Crisis

Las impresoras 3D se utilizan para crear máscaras y ventiladores.

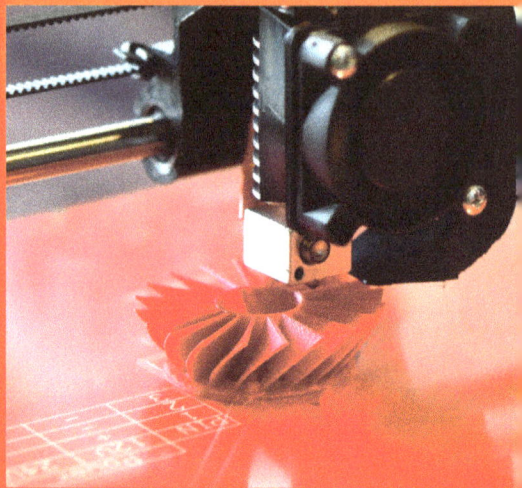

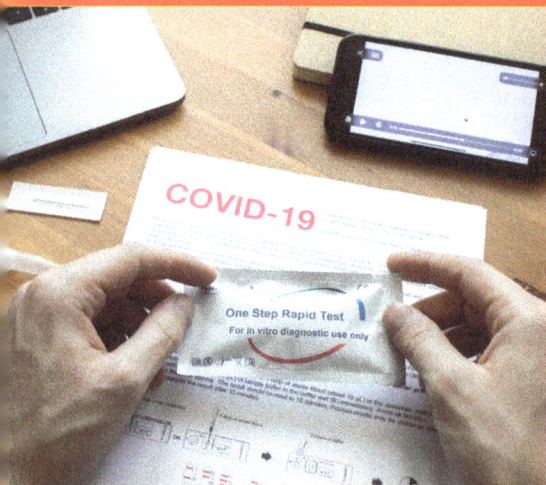

Los kits de pruebas del COVID-19 están ayudando a las personas a probarse a sí mismas en casa.

Los drones se utilizan para entregar suministros a los hogares de la población.

Se ha creado un robot para matar Al COVID-19 con luz **ultravioleta**.

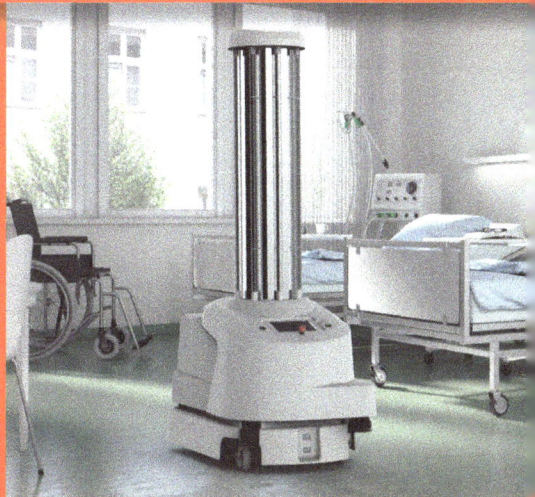

Las cámaras **infrarrojas** se utilizan para comprobar las temperaturas de las personas.

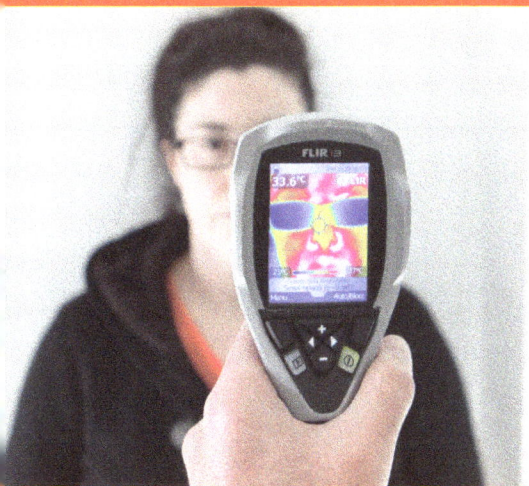

Los grifos automáticos y las bombas de jabón ayudan a evitar que los gérmenes se propaguen.

33

Cómo los Fabricantes de Automóviles están Ayudando

Muchos fabricantes de automóviles de todo el mundo han dejado de fabricar nuevos vehículos. Están cambiando sus fábricas de automóviles para hacer equipos médicos. Estas fábricas probablemente harán nuevos coches cuando termine la crisis.

General Motors ha lanzado 'Proyecto V.' Es un plan para construir 200,000 nuevos ventiladores en una fábrica de automóviles en Indiana que fabrica pequeñas piezas electrónicas para automóviles.

34

Algunas fábricas de automóviles han comenzado a hacer máscaras faciales para ayudar a proteger a los médicos y enfermeras. Otras fábricas están haciendo ventiladores para ayudar a los enfermos a respirar.

Elon Musk está **reutilizando** la fábrica de paneles solares de Tesla en Buffalo, Nueva York, para hacer ventiladores para las personas que viven en la ciudad de Nueva York.

¿Cuál es la Organización Mundial de la Salud?

La Organización Mundial de la Salud ayuda a asegurarse de que las personas de todo el mundo estén sanas. También vigila nuevas enfermedades, como COVID-19. Cuando hay una pandemia, la Organización Mundial de la Salud ayuda a los países con asesoramiento y suministros.

Hay 194 países miembros en la Organización Mundial de la Salud.

Cronograma

2019

El 31 de diciembre

China advierte a la Organización Mundial de la Salud de unos 41 pacientes en Wuhan con un nuevo tipo de neumonía.

El primer caso COVID-19 fuera de China se encuentra en Tailandia.

2020

El 13 de enero

El 20 de enero

El primer caso COVID-19 se encuentra en los Estados Unidos.

La Organización Mundial de la Salud llama a COVID-19 una pandemia.

El 11 de marzo

El 26 de marzo

Estados Unidos tiene más casos del COVID-19 que cualquier otro país del mundo.

Más de un tercio de la humanidad está bajo algún tipo de **aislamiento**.

El 31 de marzo

37

Cómo Abrir Paquetes de Forma Segura

Dado que el COVID-19 podría vivir en los paquetes durante 24 horas, pídale a un adulto que tome las siguientes medidas para mantener su hogar seguro.

1. Mueva los paquetes a un lugar seguro y espere 24 horas antes de abrirlos.

2. Los adultos también podrían intentar abrir los paquetes sin tocar el cartón.

3. Deje las cajas de cartón abiertas en su porche durante 24 horas antes de reciclarlas.

4. Cuando un adulto haya terminado de tocar los paquetes, asegúrese de que se lave bien las manos.

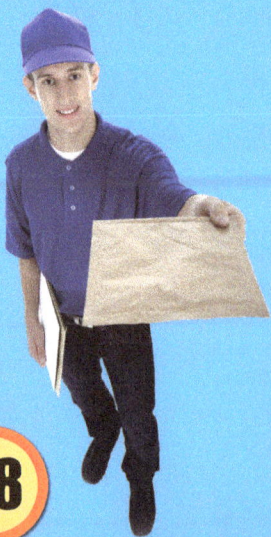

Cuando un mensajero de correo deja un paquete, es importante mantener la distancia hasta que se vayan. Esto le ayudará a mantener a usted y al mensajero de correo a salvo.

Planificar ir de Compras a la Tienda

A veces, los adultos necesitan ir una farmacia o a una tienda de comestibles. En una hoja de papel, cree una lista de verificación para que su adulto la siga.

1. Lávese las manos antes de salir de la casa.
2. No se toque los ojos, la nariz ni la boca mientras esté afuera de su casa.
3. Evite llevar un teléfono inteligente cerca de su oído. Use manos libres o altavoz si usa su teléfono eso es lo más seguro.
4. Mantenga su distancia de otros compradores.
5. Trate de utilizar la función "tap" en una tarjeta de crédito, o algún otro tipo de pago manos libres.
6. Coloque todas las bolsas en la cocina.
7. Lávese las manos con agua y jabón.
8. Lave todas las verduras con agua fría o tibia
9. Use un limpiador de cocina para limpiar las envolturas de plástico o papél.
10. Limpie todas las encimeras de la cocina.
11. Lávese las manos una vez mas.

Al elegir un artículo, solo debe tocar lo que va a comprar.

39

Haga su Propio Desinfectante de Manos

Durante la rápida propagación del COVID-19, en muchas tiendas se están agotando los desinfectantes de manos. Con la ayuda de un adulto, siga las instrucciones a continuación para hacer su propio desinfectante de manos.

Materiales:

Tazón

1/3 taza de gel de aloe vera

Embudo

2/3 de taza de 99 por ciento isopropílico (alcohol de frotar)

Contenedor o dispensador hermético

3-4 gotas de aceites esenciales (opcional)

Comienza mezclando el alcohol de frotar y el gel de aloe vera en un tazón grande. Revuelva hasta que quede suave. Agregue unas gotas de aceites esenciales. Utilice un embudo para verter el desinfectante de manos en el recipiente o dispensador hermético.

En esta receta, el alcohol isopropílico se utiliza para matar gérmenes, mientras que el aloe vera evita que la piel se vuelva demasiado seca. Los aceites esenciales le darán un aroma al desinfectante de manos. Su desinfectante de manos ahora se puede utilizar para limpiar cada superficie de sus manos cuando sea necesario. Como cualquier tipo de desinfectante de manos, es peligroso tragar desinfectante de las manos. Pídale al adulto de su casa que ponga el desinfectante de manos en un lugar seguro, fuera del alcance de los niños más pequeños.

Cómo Debes Lavar tus Manos

Si usted está en público, es posible que usted toque una superficie que otros han tocado, como una manecilla de una puerta, en estos casos es importante actuar y lavarse las manos de inmediato, porque el virus podría estar en sus manos. No se toque sus ojos, nariz ni la boca. Ya que estas partes son las que usa el COVID-19 para entrar al cuerpo. Si el virus estuviera en sus manos, es muy fácil deshacerse del virus lavando sus manos con agua tibia y jabón al menos 20 segundos.

1. Use jabón.

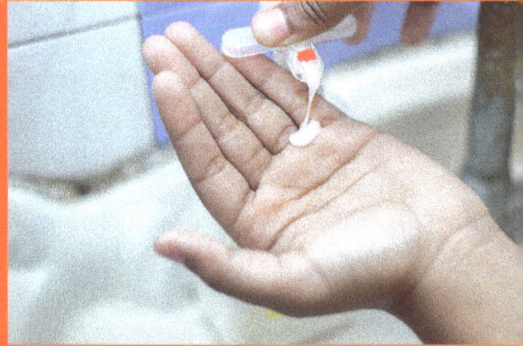

2. Lave cada mano.

3. Lave la partes de atrás de las manos.

42

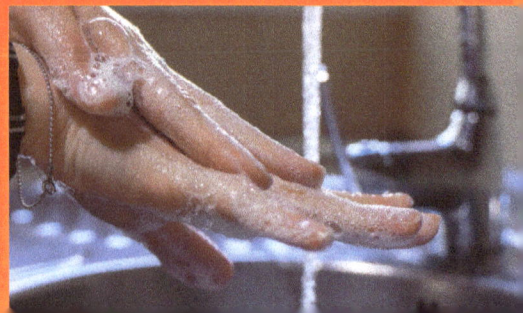

4. Lávese en medio de cada dedo.

5. Lávase en medio del pulgar.

6. Lávase las uñas de cada dedo.

7. Enjuáguese las manos.

8. Sequese las manos.

Prueba

Pon a prueba tus conocimientos sobre el COVID-19 respondiendo las siguientes preguntas. Las preguntas están basadas sobre lo que has leído en el texto. Las respuestas están al final de la página 45.

1 ¿Dónde puede hacer copias un virus de sí mismo?

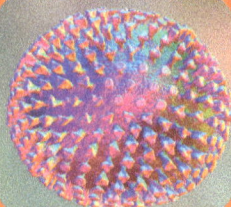

2 ¿Cuántos tipos de coronavirus afectan al ser humano?

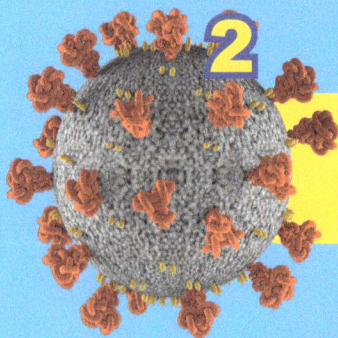

3 ¿Por qué el COVID-19 se le llamó pandemia?

4 ¿Cómo se llama cuando alguien tiene una infección grave en uno o ambos pulmones?

5 ¿Cuál es la distancia que las personas deben mantener separadas para el distanciamiento social?

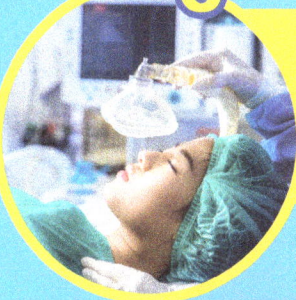

6 ¿Qué ayuda a las personas que no pueden respirar por sí solas?

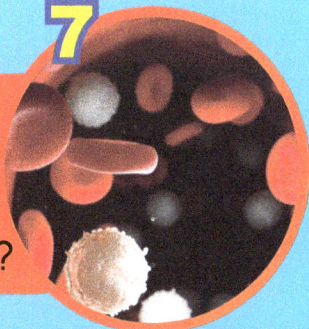

7 ¿Qué tipo de células suelen tener menos las personas, a medida que envejecen?

8 ¿Qué medicamentos se están haciendo, similares al virus, para combatirlo?

9 ¿Qué organización ayuda a asegurarse de que las personas de todo el mundo estén sanas?

10 ¿Cuánto tiempo deben lavarse las manos con agua y jabón?

Respuestas: 1. Dentro de una forma de vida 2. Siete 3. Debido a la rapidez y facilidad que se extendió por todo el mundo 4. Neumonía 5. 6 pies (2 metros) 6. Un respirador 7. Glóbulos blancos. 8. Vacunas 9. La Organización Mundial de la Salud 10. Al menos 20 segundos.

Palabras Clave

Aislamiento: Mantenerse separado de los demás

Contagioso: Algo que se propaga de una forma de vida a otra por contacto directo o indirecto.

Diabetes: Es una enfermedad que causa un nivel alto de azúcar en la sangre.

Distancia Social: Es el esfuerzo para prevenir la propagación de una enfermedad reduciendo el contacto y manteniéndose alejado de otras personas.

Infrarrojo: Es un tipo de luz que está hecha de calor y es invisible para el ojo humano sin una cámara especial.

Microscopio: una herramienta que se utiliza para hacer que los objetos muy pequeños parezcan más grandes.

Neumonía: Es una infección pulmonar que ocurre cuando los sacos de aire en uno o ambos pulmones se llenan de líquido, esto es lo que dificulta la respiración al ser humano.

Pandemia: Es una enfermedad que se propaga en toda una nación o el mundo entero, donde el número de infectados sigue aumentando cada dia.

Postergar: Es cambiar un momento específico en un momento posterior de lo previsto por primera vez.

Reutilización: Es el uso de algo para un propósito distinto de su uso original previsto.

Síntomas: Signos que indican la presencia de otra cosa en su cuerpo.

Ultravioleta: Un tipo de luz que puede dañar el tejido vivo de los seres humanos.

Vacuna: Es un tipo de medicamento que se utiliza para capacitar el cuerpo de una persona para luchar contra una enfermedad.

Virus: Son formas de vida diminutas que pueden infectar todo tipo de formas en la vida de los seres vivos.

Explore más información sobre el COVID-19 en otras series.

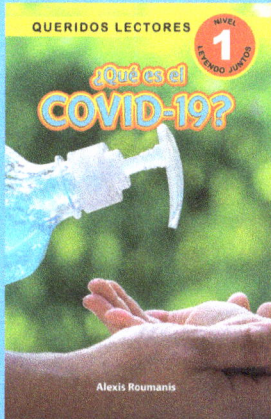

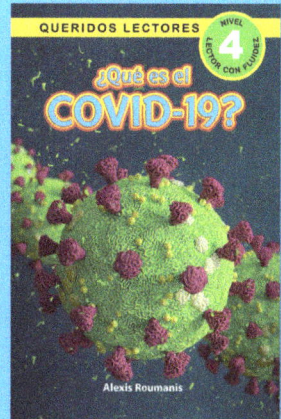

Visitenos en este enlace www.engagebooks.com

Sobre el Autor

Alexis Roumanis se graduó en un programa de Maestría en Publicaciones de la Universidad Simon Fraser en 2009. Desde entonces, ha editado cientos de libros para niños y ha escrito más de 100 libros educativos. Su audiencia incluye niños en los grados K-12, así como estudiantes universitarios. Alexis vive con su esposa y tres niños pequeños en Columbia Británica, Canadá. Le gusta el aire libre, leer un buen libro y le apasiona aprender cosas nuevas.

www.ingramcontent.com/pod-product-compliance
Lightning Source LLC
Chambersburg PA
CBHW051233020426
42331CB00016B/3359